Laetitia Ballejos

Les animaux sauvages

Laetitia Ballejos

Les animaux sauvages

Leur mode de vie

Éditions Vie

Imprint
Any brand names and product names mentioned in this book are subject to trademark, brand or patent protection and are trademarks or registered trademarks of their respective holders. The use of brand names, product names, common names, trade names, product descriptions etc. even without a particular marking in this work is in no way to be construed to mean that such names may be regarded as unrestricted in respect of trademark and brand protection legislation and could thus be used by anyone.

Cover image: www.ingimage.com

Publisher:
Éditions Vie
is a trademark of
Dodo Books Indian Ocean Ltd. and OmniScriptum S.R.L publishing group

120 High Road, East Finchley, London, N2 9ED, United Kingdom
Str. Armeneasca 28/1, office 1, Chisinau MD-2012, Republic of Moldova, Europe
Printed at: see last page
ISBN: 978-613-9-59469-6

Table des matières

Premier chapitre

Les très gros mammifères

L'ours polaire

C'est le géant de la famille des ours est le plus grand prédateur terrestre du monde.

Parfaitement adapté à un environnement qui nous semble hostile.

Il est aussi terrestre que marin.

Excellent nageur il peut parcourir 200 km sans s'arrêter, il est aussi capable de faire de l'apnée et de chasser en mer.

Leurs modes de vie

L'ours polaire et nomade et solitaire parcourant jusqu'à 70 km par jour à la recherche de sa nourriture.

Prédateur redoutable, doté d'une agilité étonnante, il est capable de sortir un phoque hors de l'eau, un phoque de plusieurs centaines de kilogrammes par un seul coup de patte.

L'ours polaire et opportuniste dans son régime alimentaire est ne dédaigne pas les cadavres de grands cétacés qui le détecte à 20 km grâce à son flair exceptionnel.

Sa fourrure dense et imperméable et parfaitement isolante.

Elle est composée de poils dont la structure permet de guide et d'emmagasiner la chaleur au soleil sur sa peau, totalement noire.

Mâle et femelle ne se retrouve uniquement à la période de la reproduction, la mère élevant seul ses petits et les défendant contre d'autres mâle qui n'hésiterais pas à les tuer.

La conservation

L'ours polaire en un mammifère menacés par destruction et dégradation de leur habitat. La chasse, la pollution océanique et atmosphérique et le réchauffement climatique.

Le savez-vous ?

Les petits oursons naissent minuscule par rapport de la taille de la femelle.

Si les humains naissaient dans la même proportion, le nouveau-né serait de la taille d'un pouce.

Son flair permet de détecter un phoque sous plus de 2 mètres de glace.

L'identité de l'espèce

Hauteur au garrot 1 à 1,40 m

Longueur du mâle 2 à 2,50 m, longueur de la femelle 1,80 à 2,10 m.

Le poids du mâle 350 à 750 kg, le poids de la femelle 200 à 400 kg.

La gestation 8 mois, portée 2 petits en moyenne tous les 3 ans.

Le sevrage 18 mois, maturité sexuelle femelle 4 ans et le mâle 7 ans.

La longévité 30 ans.

Leurs habitats et leurs origines

L'ours polaires est un animal Arctique, littoral des mer Arctique, banquise, toundra.

Leur alimentation

L'ours polaire et un animal carnivore, phoque, grand mammifères, rennes, bœufs musqués, petits mammifères, renard, lemmings, oiseaux, cadavres de cétacés, poisson, œufs, baies et racines.

Le grizzly

Le grizzly est le plus grand des prédateurs carnivores au monde.

Trois sous -espèces sont regroupées sous le terme de grizzly, le grizzly est un ours brun d'Amérique du Nord, l'ours kodiak et l'ours du Kamchatka.

Cette dernière sous- espèces sont repartis dans l'est sibérien.

Leurs modes de vie

Le grizzly est un animal solitaire, passant les plus clair de son temps à rechercher sa nourriture.

Dès l'automne, il emmagasine un maximum de réserve de nourriture, avant d'entrer dans les phases d'hibernation en octobre ou en novembre et se terminera en mars ou en avril.

Son régime alimentaire est plutôt végétarien mais à l'occasion ils peuvent être de redoutables prédateurs, capable de s'attaquer à de gros mammifères tels que le wapiti ou l'élan.

Les accouplements ont lieu en juin et elle mettra bas en janvier, elle sortira de sa tanière en avril ou en mai de l'année suivante.

D'un naturel plutôt timide, le grizzly à le caractère plutôt curieux et gourmand et peut à l'occasion d'être très agressif.

Il est malheureusement appliqué dans les accidents mortels de l'homme.

La conservation

Le grizzly est un animal menacé par la destruction et dégradation de leurs habitats.

La chasse compétition avec l'élevage agricole.

Le savez-vous ?

Exterminé par les premiers colons européens, le grizzly n'occupe plus que 2%de leur aire de la répartition originelle.

Aujourd'hui moins de 1000 individus vivrait encore au État Unis, l'essentiel sont repartis en 2 État entre le Canada et l'Alaska.

L'identité de l'espèce

La longueur 2 m en moyenne peut aller jusqu'à 3 m.

Le poids 90 à 600 kg, selon la région.

La gestation 180 à 250 jours, portés 2 petits en général.

Sevrage 1 an, maturité sexuelle 3 à 4 ans.

La longévité 30 ans.

Leurs habitats et leurs origines

Le grizzly est un animal d'Asie, forêt boréale, taïga et région montagneuse boisées.

Leur alimentation

Le grizzly est un animal omnivore, fruits, baies, bulbes de racines, miel, insectes et larves, poisson, saumon, proies de taille varie selon une véritable charogne.

Le rhinocéros indien

Cinq espèces de rhinocéros sont tous menacés, sont repartis sur deux continents, continent Afrique et l'Asie.

Le rhinocéros indien est le plus grand des trois espèces de rhinocéros asiatique.

Sa peau épaisse forme un repli lui donne l'air cuirassé caractéristiques.

Bien que très lourd et à l'allure pataude, le rhinocéros indien est très agile et rapide.

Il peut courir jusqu'à 40 km/h et concurrencer nos sprinters olympiques.

Leurs modes de vie.

Il est adapté aux milieux marécageux et nage assez bien.

Il passe ainsi la moitié de la journée à patauger dans l'eau et se recouvrir de boue.

Ce comportement lui permet de réguler sa température et ainsi d'éliminer les parasites externes.

Principalement actif la nuit et tôt le matin, le rhinocéros indien est un animal solitaire, bien que parfois on peut observer des groupes de 2 ou 3 individus non matures sexuellement.

Mâle et femelle ne se rencontre uniquement pendant les périodes des chaleurs des femelles, peut avoir lieu à n'importe quel moment de l'année.

Les petits pèse déjà une soixantaine de kilos à la naissance vont rester avec leurs parents pendant 2 à 3 ans.

Leur conservation

Le rhinocéros indien est menacé par le braconnage pour alimenter le marché de la médecine traditionnelle asiatique, réduction de leurs habitats pour étendre les surfaces agricoles.

Le savez-vous ?

Au contraire de ses cousins africains, le rhinocéros indien possède unique corne de 20 à 60 mètres de long, pouvant pèse jusqu'à 3 kilos.

Cette corne est uniquement composée de kératine, comme nos cheveux ou nos ongles.

Pourtant, c'est cette particularité physique, qui leur veut d'être pourchassés par les braconniers, afin alimenter la pharmacopée traditionnelle asiatique.

Ses supposées être des vertus médicinales n'ont jamais été scientifiquement prouvées.

L'identité de l'espèce.

Hauteur au garrot 1,80 à 2 m.

Longueur 3 à 3,80.

Le poids 1,8 à 2,7 tonnes.

La gestation 18 mois, portée 1 petit tous les 3 ans.

Le sevrage 18 mois, maturité sexuelle de la femelle 5 à 7 ans, et le mâle 8 à 10 ans.

La longévité de 35 à 45 ans.

Leurs habitats et leurs origines

Le rhinocéros indien est un animal d'Asie, plaines et marais ouverts avec une densité forestière.

Cependant ils peuvent vivre en forêt pour éviter les zones peuplées par les hommes.

Leur alimentation

Le rhinocéros indien est un animal herbivore, herbes, feuilles, fruits, branchages, plantes aquatiques, et les petites plantes cultivées par les hommes.

Éléphants d'Afrique

L'éléphant d'Afrique est le plus grand et le plus puissant de tous les mammifères terrestres, certains mâles pouvant devenir de véritables géants avoisinant les 7 tonnes et pourvus que leurs défenses peuvent atteindre 3 mètres de long pouvant pèse 100 kilos chacune.

Leurs modes de vie.

L'éléphant d'Afrique vit en groupe familiaux qui peut atteindre 5 à 15 femelles adultes apparenté avec leurs petits, et placés sous l'autorité d'une matriarche.

Les mâles, exclus de ce groupe, vivent en solitaire ou se rassemblent en petites unités instable.

Le troupeau, dont la taille varie selon les saisons et les ressources alimentaires, et en perpétuel déplacement à la recherche de nourriture et d'eau, et peuvent parcourir 80 kilomètres par jour.

Les éléphants communiquent entre eux par la posture de leur trompe et de leurs oreilles, ainsi que par une variété de sons du barrissement jusqu'à infrasons inaudible à l'oreille humaine mais perceptible par leurs congénères à plusieurs dizaines kilomètres de distance.

Leur conservation

Les éléphants d'Afrique sont menacés par des dégradations et destructions de leurs habitats, déforestation, feu pour les cultures sur le brulis, diminution de l'espèce vital, isolement génétique de la population.

La chasse et le braconnage, trafic de l'ivoire et de la viande de brousse, abattage considéré comme nuisibles pour certaines régions pour son impact sur les cultures.

L'identité de l'espèce

Hauteur au garrot mâle jusqu'à 4 m, femelle 2,5 à 3 m.

Le poids 3 à 6 tonnes.

La gestation 22 mois, portée 1 petit.

Le sevrage 24 mois, maturité sexuelle 15 ans.

La longévité 50 à 60 ans peut atteindre jusqu'à 80 ans.

Leurs habitats et leurs origines

L'éléphant d'Afrique, forêt tropicale, savane arbustive, milieu semi-désertique.

Leur alimentation

L'éléphant d'Afrique est un animal herbivore, feuillages, branchages, herbes, racines et fruits.

L'hippopotames

Son nom signifie le cheval du fleuve et l'hippopotames est bel et bien un mammifère parfaitement amphibiens.

Narines, yeux et les oreilles parfaitement alignés sur le sommet de son crâne et lui permettant de respirer et de surveiller les alentours tout en étant totalement immergé.

Leurs modes de vie.

Les hippopotames vivent en Large groupes de 10 à 20 individus, constitué des femelles et de leurs petits et menés par un mâle dominant.

Ce dernier marque sont territoires en disposant ses excréments par un mouvement rotatif de sa queue.

En revanche s'est le seul que chaque animal va brouter le soir sur la terre ferme et avale 40 kilos de fourrages qui lui sont nécessaires.

Les accouplements ont lieu dans l'eau, les combats des mâles ne sont pas rares.

Leurs canines inférieures peuvent atteindre 50 cm et de causer des sérieuses blessures.

Inféodés au milieu aquatique, leur peau se craquelle rapidement si elle n'est pas bien humidifiée régulièrement.

La conservation

L'hippopotame est un animal menacé par la dégradation de leur habitat et assèchement des zones humides.

La chasse, trafic de l'ivoire.

Le savez-vous ?

Au sec, sa peau secrète un liquide visqueux rouge protecteur évoquant des saignements.

Les hippopotames intimident leurs ennemis en ouvrant leurs gueules à plus de 150 degrés et en découvrant ainsi leurs énormes canines.

Ils peuvent rester en apnée 5 à 10 minutes, cet animal est le plus dangereux des mammifères d'Afrique.

Tous les ans, ils sont à l'origine de nombreux accident mortels.

L'identité de l'espèce.

La longueur de 3 à 4,20 m

Hauteur au garrot de 1,30 à 1,60 m.

Le poids du mâle 1800 à 3200 kg, le poids de la femelle 1300 à 2500 kg.

La gestation 8 mois, portée 1 petit.

Le sevrage 6 à 8 mois, maturité sexuelle 7 à 9 ans.

La longévité 45 ans.

Leurs habitats et leurs origines.

L'hippopotame est un animal d'Afrique, plaines d'eau et rivières.

Leur alimentation

L'hippopotame est un animal herbivore, herbes.

L'hippopotame nain

Longtemps considéré comme un juvénile, voire même une variété naine de l'hippopotame amphibie auquel il ressemble parfaitement.

L'hippopotame nain est bien un animal à part entière.

5 à 8 fois plus petit, il se distingue de son cousin aquatique et grégaire par un mode de vie forestier et solitaire.

Leurs modes de vie

Contrairement à son cousin hippopotame amphibie, l'hippopotame nain est un animal forestier qui affectionne un couvert végétal dense et les zones boue marécageuses.

Solitaire dans la nature, ils rencontrent ses congénères qu'au moment de la reproduction.

Dès la tombée de la nuit, l'hippopotame nain devient actif il parcourt son territoire en déposant ses crottins.

À la recherche de sa nourriture, principalement au sol, il inspecte à l'aide de son odorat plusieurs variétés de feuilles et de fruits.

Le reste de son temps est consacré aux repos durant lequel il affectionne particulièrement des Bauges bien boueuse.

Leur conservation

L'hippopotame nain est un animal menacé par abattage en prévention des dégâts occasionnés sur les cultures et les berges.

La chasse pour la viande et les trophées (défenses), déforestation.

Le savez-vous ?

L'hippopotame nain secrète une huile blanchâtre que l'on peut souvent émulsifiée entre les membres antérieurs ou dernière les oreilles.

Cette sécrétion a pour but d'éviter les coups de soleil et le dessèchement de leur peau lorsque l'animal est hors de l'eau.

Comme son cousin, il possède des canines inférieures en forme de défenses dont la croissance et continue, ces canines peut leur servir comme de véritables armes.

L'identité de l'espèce.

Longueur du corps 150 à 170 cm.

Le poids 160 à 270 kg.

La gestation 184 à 204 jours, portée 1 petit très rarement 2.

Le sevrage 6 à 8 mois, maturité sexuelle 4 à 5 ans.

La longévité 40 ans.

Leurs habitats et leurs origines.

L'hippopotame nain est un animal d'Afrique, marées et rivières et des forêts denses équatoriale.

Leur alimentation

L'hippopotame nain est un animal herbivore, plantes aquatiques, herbes, fruits et feuilles.

Les girafes

Silhouette indissociable de la savane africaine, la girafe est le plus gracieux et le plus haut de tous les mammifères.

Sa hauteur lui permet d'atteindre les feuillages les plus hauts ainsi que de surveiller leurs territoires.

La forme des dispositions des tâches de sa robe ont permis de définir 8 sous-espèces.

Leur mode de vie.

La girafe se déplace à l’amble, pouvant atteindre la vitesse de 60 kg/h.

Animal grégaire, elle vit en petits troupeaux au sein desquels le mâle se livrent des combats rituels en se frappant le cou.

La position et les mouvements de se cou révèle d'ailleurs sont humeur.

Paisible herbivores avale près de 60 kilos de nourriture et 35 litres d'eau par jour, la girafe est néanmoins capable de coup de tête et de ruade pouvant tuer un lion.

La femelle mais bât début, le girafon fait donc une chute de 2 mètres de haut.

Rassemblées en garderies les petits doivent être rapidement autonome pour ne pas être victime des prédateurs.

Ils grandiront près de 10 cm par mois pendant la première année.

Leur conservation.

Les girafes sont menacées par les destructions et dégradations de leurs habitats.

La chasse, les girafes sont menacées par le braconnage.

Deuxième chapitre

Les animaux marins

Les otaries de Californie

Les otaries de Californie sont des pinnipèdes gracieux et familiers, capables d'apprendre tout sorte acrobaties.

A la différence des phoques qui rampes quand ils sont sur terre, les otaries se déplace alignement sur leurs quatre membres.

De plus, seule l'otarie possède des oreilles dont les pavillons externes sont bien visibles.

Leurs modes de vie

Les otaries de Californie vivement en colonies très bruyantes, composées d'une centaine d'individus.

Pendant la saison de la reproduction, chaque mâle rassemble un harem de 10 à 20 femelles sur un territoire qu'ils défendent ardemment face aux autres mâles.

Pour ne pas perdre leurs femelles, les mâles les surveillent pendant plusieurs semaines sans même s'éloigner pour aller se nourrir.

Les otaries sont par ailleurs des excellents nageurs, peuvent atteindre une vitesse de 32km/h.

Elle détecte leurs proies avec leur vue et aussi grâce à leur grande moustache, qu'on appelle ça des vibrisses.

Leur conservation

Les otaries de Californie sont menacées au XIX siècle, les otaries ont été quasiment exterminer par les phoquiers américains pour leurs vibrisses, servant de cure-pipe à opium, et leurs testicules utilisées pour pharmacopée chinoise.

Le savez-vous ?

Les otaries de Californie sont capables de descendre jusqu'à 274m de profondeur, en plongeant, leurs poumons se vide et leurs cœurs se ralentissement.

Elles peuvent rester 5 minutes en apnée.

L'identité de l'espèce

Longueur maximale 2m pour les femelles et 2,4m pour les mâles.

Le poids maximum 110kg pour les femelles et 390kg pour les mâles.

La gestation 11 mois, portée 1 petit par an.

Le sevrage 6 à 12 mois, maturité sexuelle 4 à 5 ans.

La longévité 17 ans.

Leurs habitats et leurs origines.

Les otaries sont des animaux d'Amérique du Nord, côte rocheuse.

Leur alimentation.

Les otaries de Californie sont carnivores, calamar, anchois, merlan, saumon, hareng et mollusques.

Les loutres à pelage lisse.

Les loutres à pelage lisse et la plus grande des espèces de loutres en Asie.

Elles tiennent son nom à sa fourrure particulière, plus courte et plus lisse que celles des autres, lui donnant l'aspect velouté et brillant.

Leurs modes de vie.

Active principalement la journée, cette loutre est très sociable vie en groupes familiaux d'un couple est de leurs petits.

Les jeunes se dispersent vers l'âge 1 an pour trouver leurs territoires.

Profitant d'un moment calme dans la journée, elles s'abritent dans un tronc ou une tanière pour se reposer.

La loutre est parfaitement adaptée au milieu de vie aquatique.

Sa fourrure est composée de deux couches permettant à la fois garder sa peau au sec et de conserver la chaleur corporelle.

Ses pattes avant sont plus courte et sa queue conique et aplatie particulier à son extrémité, sont une véritable adaptation à la natation.

Elle reste cependant très à l'aise sur terre et peuvent parcourir de longues distances à la recherche d'un habitat confortable.

Leur conservation

Les loutres à pelage lisse sont menacées par la pollution de l'eau, construction d'infrastructures hydroélectriques, défrichement pour l'agriculture.

Les loutres sont également menacées par le braconnage.

Le savez-vous ?

Les loutres à pelage lisse passent la plus clair de son temps à chasser en famille, afin de rassembler les poissons capturer plus facilement.

L'identité de l'espèce

Le corps 59 à 70 cm.

La queue 37 à 43 cm.

Le poids 7 à 11kg.

La gestation 60 à 65 jours, portée 2 à 5 petits.

Le sevrage 5 à 6 mois, maturité sexuelle 2 Ans.

La longévité 10 à 15 ans.

Leurs habitats et leurs origines

Les loutres à pelage lisse sont des animaux d'Asie, mangroves, forêt marécageuses, zones humides d'eau douce, rivières et lacs.

Leur alimentation.

Les loutres à pelage lisse sont carnivores, poissons, invertébrés et petits mammifères.

Les loutres d'Asie

Loutre cendrée d'Asie est la plus petite des loutres d'Asie.

Sa palmure est réduite et ses griffes sont très courtes.

La loutre cendrée c'est une excellente nageuse est peut sillonner l'eau comme une anguille, bondir hors de l'eau comme un dauphin ou encore rouler son corps à la surface.

Leurs modes de vie

Les loutres cendrées vivent en groupe d'une douzaine d'individus qui vocalises beaucoup pour communiquer.

Lorsqu'elles sont inquiètes et qu'elles cherchent à découvrir d'où vient le bruit suspect, elles se dressent sur leurs pattes postérieures.

Elles utilisent leurs pattes antérieures, au lieu de se servir de leurs bouches pour attraper leurs proies ou les objets.

Comme toutes les loutres, elles creusent une catiche dans la végétation des berges, avec une issue sous l'eau.

Les couples se forment à vie et après la mise basse dans la catiche, les mâles aident les femelles à élever les jeunes.

Leur conservation.

Les loutres cendrées sont menacées par la disparition de leurs habitats à cause de l'assèchement des zones humides et la pollution des rivières.

L'identité de l'espèce.

Longueur totale 40 à 60 cm.

Longueur de la queue 25 à 30 cm.

Le poids 2,5 à 5,4kg.

La gestation 2 mois, portée 1 à 6 petits.

Le sevrage 11 semaines, maturité sexuelle 2 Ans.

La longévité 16 ans.

Leurs habitats et leurs origines

Les loutres cendrées vivent en Asie, cours d'eau et rizières dans les vallées et le long de la côte.

Leur alimentation.

Les loutres cendrées sont carnivores, crustacés, mollusques, amphibiens et poissons.

Les manchots de Humboldt

Le manchot de Humboldt vit dans le courant marin froid de Humboldt le long de la côte occidentale de l'Amérique du Sud.

Son plumage est court mais extrêmement denses.

Pour se protéger du froid, ils possèdent une couche de lard sous - cutanée épaisse.

Leurs modes de vie.

Les manchots de Humboldt sont des oiseaux de mer qui ne vole pas.

Ils pêchent près des côtes tournant autour de leurs proies, l'attaquant de côté et la mange la tête la première.

Leur bouche et leur langue sont pourvues de petites épines orientées en arrière pour garder leur proie.

Ils nichent en grandes colonies, mais ceux ne sont pas des oiseaux monogames.

Mais pendant la saison de la reproduction, le couple couve dans une cavité rocheuse ou dans un nid rudimentaire fabriqué en poussant le guano.

Ils s'occupent de leurs petits ensembles.

Leur conservation

Les manchots de Humboldt sont menacés, au XIX siècle, les manchots de Humboldt ont été massivement abattus pour leurs lards qui a été utiliser pour les éclairages urbains, pour tanner la peau et réchauffer les maisons.

L'identité de l'espèce

La hauteur 38 à 45 cm.

Le poids 4 kg.

Nichée 2 œufs, incubation 39 jours.

Maturité sexuelle 3 ans.

La longévité 15 à 20 ans.

Leurs habitats et leurs origines

Les manchots de Humboldt sont des oiseaux d'Amérique du Sud, zones côtières tempérées.

Leur alimentation

Les manchots de Humboldt sont des oiseaux carnivores, piscivore, poissons, crustacés et des petits céphalopodes.

Les flamands du Chili.

Un peu plus petit que les flamands roses, le flamands de Chili est immédiatement reconnaissable à son allure d'échassiers et son bec incurvé.

La couleur du plumage est due à un pigment caroténoïde que les flamands sont incapable de synthétiser, ils ne se le procurent que dans le plancton dont ils se nourrissent et son donc plus ou moins rose selon leur alimentation.

Leurs modes de vie

Les flamands vivent est se reproduisent en large colonies pouvant regrouper des milliers d'oiseaux.

Dans une eau peu profonde, ils fouillent les vases à l'aide de leur bec recourbé.

Ce dernier est doté sur les bords internes de lamelles transversales et obliques qui constitue un filtre apte à retenir les animalcules et les algues microscopiques dont ils se nourrissent.

Au moment de la reproduction, forment des couples fidèles qui délimite un petit territoire autour de leur nid.

De forme conique et constitué de gravas et de boue séchée, ce nid peut atteindre jusqu'à 40 cm de haut, il abritera un œuf unique qui sera couvé par les deux parents à tour de rôle.

Une semaine après l'éclosion, l'oisillon rejoindra la crèche surveiller par quelques adultes, et retrouvant leurs parents au moment des nourrissages.

Leur conservation

Les flamands du Chili sont menacés par l'assèchement des zones humides.

Les flamands du Chili sont aussi chassé pour leurs prélèvements de leurs œufs.

Le savez-vous ?

Le poussin du flamand est nourri les premiers jours par une sécrétion produite par la muqueuse du jabot et de l'estomac des adultes.

Ce lait contient du tissu sanguin par 1%, dû à la couleur rosée, et possède aussi une valeur nutritive identique que celle du lait des mammifères.

L'identité de l'espèce

Hauteur 1 à 1,10 m.

Envergure 1,30 m

Le poids 2 à 3 kg.

Couvée 1 œuf, incubation 28 jours.

Maturité sexuelle 3 ans.

La longévité 50 ans.

Leurs habitats et leurs origines

Les flamands sont des oiseaux d'Amérique du Sud, étendues d'eau saumâtre, estuaires, lagune et les marées salants.

Leur alimentation.

Les flamands se nourrissent d'algues et invertébrés aquatiques, crustacés et des larves.

Le troisième chapitre

Les gros félins

Les tigres blancs

Parfois, grâce aux anomalies de la nature, émerge de magnifiques animaux, c'est le cas grâce aux tigres blancs.

Un peu d'histoire

Les premiers tigres blancs ont été décrits en Inde entre 1556 à 1605 et le premier spécimen fut officiellement capturer en 1820.

Ce n'est toutefois qu'en 1956, qu'un tigre blanc fut découvert et capturé bébé près de Bandhavgarh par le Maharadja de Rewa.

Appelé Mohan, ce tigre devint le géniteur de la plupart des tigres blancs.

Mohan fut croisé avec une de ses filles pour garder cette particularité génétique, prouvant qu'il s'agissait bien d'une gêne dit récessif.

Une espèce distincte ou de albinos ?

Ni l'un ni l'autre, le tigre blanc est plus souvent une variété de tigre du Bengale (Panthera tigris tigres) que l'on retrouve dans de nombreuses régions de l'Inde, ou plus rarement des tigres de Sibérie (Panthera tigris altaica).

Comment apparaissent les tigres blancs ? c'est animal ont subi une mutation génétique provocant un défaut de pigmentation bien visibles.

Cette mutation étant porté par une gêne dit récessif, les deux parents doivent alors avoir la même gêne, pour que les petits soit blanc.

En moyenne plus gros que ces congénères les tigres jaunes, le tigre blanc possède des rayures marronnes, et le nez et les coussinets sont rose tandis que les yeux sont bleu acier.

Le savez-vous ?

A l'inverse du tigre blanc, il peut exister des tigres complètement noirs, toucher par un pseudo - mélanisme dû à une mutation génétique qui entraîne un élargissement des rayures jusqu'à elles se confondent.

Un tigre noir a été capturé en 1993.

L'identité de l'espèce.

Longueur totale 2,40 à 3,40 m.

Le poids du mâle 150 à 300 kg selon la sous espèce, le poids de la femelle un quart de moins que le mâle.

La gestation 95 à 115 jours, portée de 2 à 5 petits.

Le sevrage 6 à 8 semaines, maturité sexuelle 3 à 4 ans.

La longévité 15 à 20 ans.

Leurs habitats et leurs origines

Le tigre blanc est un animal d'Asie, jungle et forêts humides, mangroves, étendues marécageuses et roselière, steppes boisées, taïga sibérienne.

Leur alimentation.

Le tigre blanc est un animal carnivore, essentiellement cervidés et des sangliers, à l'occasion des buffles ou des petites proies, singe, mangouste et oiseaux.

Le tigre de Sumatra

Reconnaissable aux larges favoris blancs qui ornent ses joues, ce magnifique félin est solitaire hante les jungles et les forêts de l'île indonésienne de Sumatra.

Sous - espèce du tigre et la plus petite, mais aussi c'est l'une des plus menacées, chassée, harcelée, victime d'un déboisement outrancier qui voit son territoire et ses proies disparaître à grande vitesse, on estime qu'il ne reste plus que 250 individus environ vivant encore à l'état sauvage.

Leur mode de vie

A l'instar de tous les félins, le tigre et solitaire parcourant un territoire selon l'absence des proies celui du mâle (60 à 100 km2) regroupe ceux de deux ou trois femelles.

Chaque individu marque sont territoires par des Jets d'urines, dépôts de poils et de fèces, des griffades et des rugissements.

Mâle et femelle se rencontre uniquement pendant la saison de la reproduction, mais la mère élèvera seul ses petits jusqu'à ce qu'ils aient 18 mois environ.

Ce prédateur redoutable chasse à l'affût, ses rayures lui permet d'avoir un camouflage parfait au cœur de la pénombre ou d'une haute végétation herbeuse.

Ses proies préférentielles sont des grands ondulés tel que les sangliers, cerfs et les tapirs Malais.

Leur conservation

Les tigres de Sumatra sont des animaux menacés par des destructions de leurs habitats, déforestation emprise agricole, cultures du palmier à huile, raréfaction des proies.

Les tigres de Sumatra sont chassés par le braconnage en particulier pour la pharmacopée traditionnelle asiatique.

Le savez-vous ?

Trois sous espèces de tigre ont d'ores et déjà disparus, le tigre de Bali en 1940, le tigre de caspienne en 1970, et le tigre de Java en 1980 sur le marché de la pharmacopée asiatique, une carcasse de mâle adulte peut valoir jusqu'à 100 000 euros.

L'identité de l'espèce.

Longueur totale 2,40 m.

Le poids du mâle 100 à 140 kg, le poids de la femelle 75 à 110 kg.

La gestation 95 à 115 jours, portée 2 à 5 petits.

Le sevrage 6 à 8 semaines, maturité sexuelle 3 à 4 ans.

La longévité 15 à 20 ans.

Leurs habitats et leurs origines

Le tigre de Sumatra est un animal d'Asie, jungles et forêts humides, mangroves, étendues marécageuses et roselière, steppes boisées.

Leur alimentation.

Le tigre de Sumatra est un animal carnivore, essentiellement cervidés et sangliers, à l'occasion des tapirs ou Petites proies, singe, porc-épic, mangouste, oiseaux et poissons.

Les lions d'Afrique

L'animal emblématique de la savane africaine, le lion est le plus sociable de tous les félins.

Il puisse sa force dans leurs structures sociales de son clan dont le mâle et dominant, malgré sa réputation d'être paresseux, à la lourde tâche de défendre son territoire.

Jadis omniprésent sur le continent africain, on estime aujourd'hui les effectifs connus serait à moins de 30 000 individus.

Leurs modes de vie

Les lions vivent en clans d'une dizaine de femelles apparentées et accompagnées de leurs jeunes et 2 ou 3 mâles dont un assure la dominance.

Les autres mâles vivent en célibataire ou regroupés en petites coalitions et cherche tour à tour de détrôné le mâle dominant.

Ce dernier parvient à maintenir son statut unique reproducteur pendant 3 à 6 ans.

La sociabilité du lion prend toute sa mesure dont sa technique de chasse, une partie des femelles, qui sont les seules à chasser, se charge de rabattre leurs proies vers le reste du clan embusqué et qui mène la charge finale à plus de 60km/h.

Le clan défend leurs territoires la taille varie selon l'absence des proies.

Les femelles mettent bas souvent en même temps et allaitement indifféremment leurs petits.

L'identité de l'espèce.

Longueur du corps 2,40 à 3,30 m.

Le poids du mâle 150 à 250 kg, le poids de la femelle 120 à 180 kg

La gestation 100 à 120 jours.

Portée 1 à 6 petits.

Le sevrage 6 à 8 mois.

Maturité sexuelle 2 Ans.

La longévité 15 à 20 ans.

Leurs habitats et leurs origines

Le lion est un animal d'Afrique, forêt sèches, savane et milieu ouvert, désert.

Leur alimentation

Le lion est un animal carnivore, les proies, zèbres, gnous, girafes, antilopes, phacochères, parfois des petits pachydermes, des buffles.

Des petites proies pour les lions solitaires.

La panthère noire.

Jadis considéré comme un animal à part entière, la panthère noire est en effet la forme mélanique du léopard.

On la trouve essentiellement dans les forêts tropicales de l'Inde, de Malaisie et de Java.

Sa peau et sa fourrure on des pigments noirs, mélanine, si bien que les tâches du pelage, ou rosette, ne se voit plus.

Leurs modes de vie

En dehors de la brève période d'accouplement les panthères vivent une vie solitaire sur un territoire pouvant atteindre 100 km2.

Ce prédateur opportuniste, la panthère chasse à l'affût des proies varié telle que le scarabée ou l'antilope.

Sa couleur noire lui assure un excellent camouflage dans les denses forêts tropicales qu'elle fréquente.

Après avoir mis bas dans une tanière, la femelle élèvera ses petits toute seule jusqu'à l'âge de deux ans.

La conservation

La panthère noire est menacée par la destruction de leur habitat, et aussi ils sont victimes de la chasse.

Le savez-vous ?

Excellent grimpeur, la panthère hisse souvent ses proies, parfois plus lourde qu'elle, dans les arbres pour les consommer à l'abri des charognards.

Cet exercice nécessite une forte puissance dans la mâchoire est une musculature exceptionnelle.

L'identité de l'espèce.

Longueur totale 1,80 à 2 m.

Longueur de la queue 60 à 110 cm.

Le poids 40 à 90 kg.

La gestation 90 jours, portées de 2 à 3 petits.

Maturité sexuelle 2 à 3 ans.

La longévité 20 ans.

Leurs habitats et leurs origines

La panthère noire est un mammifère d'Asie, on peut les voir dans les forêts tropicales.

Leur alimentation.

La panthère noire est un animal carnivore, singes, antilopes, rongeurs, phacochères mais aussi des petits carnivores et des oiseaux terrestres.

Les guépards

Jadis répandu dans une grande partie de l'Afrique et du Sud - ouest asiatique, le guépard se cantonne au sud du Sahara et sporadiquement ailleurs.

Se distingue des autres félins par sa silhouette élancée et ses griffes non rétractiles, il est capable d'atteindre une vitesse record de 110 km/h.

Leurs modes de vie

Hormis le lion, le guépard est le plus sociable des grands félins.

Les femelles, sédentaires, vivent seule ou accompagnée de leurs petits, que les mâles plutôt nomades, se regroupent en coalitions de 2 ou 3 frères.

Le guépard aime les lieux découverts, qu'il inspecte généralement du haut surélévation, souche, tanière, il peut aussi découvrir des techniques de chasse, d'abord il s'approche, puis la course avec un sprint qui déséquilibrer sa proie.

Les rencontres entre mâles et femelles sont brèves et aléatoires, la période d'accouchement dure que quelques jours.

La conservation.

Les guépards sont menacés par des dégradations de leurs habitats, fragmentation des populations.

Les guépards sont aussi victime de la chasse car parfois considéré comme nuisibles.

Le savez-vous ?

S'il est bien plus rapide, le guépard est le moins endurant.

Au-delà de 300 m et 20 secondes de sprint, il est complètement épuisé, il est obligé de s'arrêter sous peine de bouillir littéralement tant que sa température interne augmente et son flux sanguin s'accélère.

L'identité de l'espèce.

Longueur 125 à 140 cm.

Longueur de la queue 90 cm.

Le poids 40 à 65 kg.

Portée 3 à 5 petits, le sevrage des 3 mois.

Maturité sexuelle 1 ans.

La longévité 20 ans.

Leurs habitats et leurs origines

Les guépards sont des animaux d'Afrique, savane, steppes semi-désertiques et milieux ouverts.

Leur alimentation

Les guépards sont carnivores, gazelles, impalas et des petites antilopes principalement, parfois des lièvres, rongeurs et des gros oiseaux.

Quatrième chapitre

Les petits félins

Les chats pêcheurs

Comme son nom indique, le chat pêcheur est semi-aquatique mais son comportement à l'eau est surtout comportemental.

Ses pattes sont légèrement palmées et ses dents peut s'adapter pour attraper des proies glissantes.

Leurs modes de vie

Essentiellement nocturne, le chat pêcheur est un excellent nageur, capables de plongée derrière les proies qu'il poursuit.

Pouvant nager sur une longue distance, c'est aussi un bon grimpeur.

Pour chasser, il se tient en embuscade le long des berges et pêche d'un coup de patte rapide et précis.

Par contre il attendra que la marée se retire pour attraper crabes et poissons prisonniers des trous.

Sa vie sociale et méconnue, mais comme la plupart des autres petits félins, ils sont probablement solitaires.

Néanmoins, par contre le mâle participerait à l'élevage des jeunes.

Leur conservation.

Le chat pêcheur est menacés par le drainage, agriculture intensive, pollution aquatique.

Les chats pêcheurs sont aussi victime de la chasse et le piégeage.

Le savez-vous ?

Au Pakistan, le chat pêcheur a développé une technique de chasse particulière pour capturer des oiseaux aquatiques.

Il nage jusqu'à l'oiseau puis il plonge pour l'attraper par les pattes en dessous.

L'identité de l'espèce.

Longueur 70 à 80 cm.

Longueur de la queue 25 à 30 cm.

Le poids 8 à 15 kg.

La gestation 63 à 70 jours, portée 2 à 3 petits.

Le sevrage 4 à 6 mois, maturité sexuelle à partir du 10 mois.

La longévité 12 ans.

Leurs habitats et leurs origines.

Le chat pêcheur est un animal d'Asie, forêt tropicale humide, Mangroves littorales, marée et rivières, delta.

Leur alimentation.

Le chat pêcheur est un animal carnivore, poissons, mollusques et crustacés mais aussi oiseaux, rongeurs, batraciens et insectes.

Le jaguarondi

Surnommé le chat-loutre du fait son allure fuselée, le jaguarondi est un petit chat sauvage d'Amérique du Sud.

Peut farouche et facilement apprivoisable, il est utilisé comme chat domestique par les populations précolombiennes.

A l'instar du lion, le jaguarondi serait une des seules espèces sociales des félins.

Leurs modes de vie.

Le corps fuselé de ce petit félin diurne est adapté au milieu forestier dans lequel il évolue et fait de lui un excellent nageur.

Même s’il est principalement solitaire, cet insolite félin tolère facilement ses congénères s'ils vivent à proximité.

Le jaguarondi a même été parfois observé à chasser en couple.

Il marque sont territoires à l'aide d'un jet d'urine et en griffant les branches et les troncs.

Celui-ci varie entre 15 et 100 km2 selon l'absence de ses proies.

Leur conservation.

Le jaguarondi est un animal menacé par la perte et fragmentation de leurs habitats

Le jaguarondi est aussi victime de la chasse.

Le savez-vous ?

La couleur du pelage, du jaguarondi varie d'un individu à l’autre, uniformes noirs à gris, en passant par le jaune et le marron-rouge.

La couleur d'origine est le roux et prédomine dans les milieux arides, la forme brun-gris est cependant la plus répandue chez les individus se camouflant dans les sous-bois.

L'identité de l'espèce.

Hauteur au garrot 35 cm.

Longueur du corps 50 à 80 cm.

La queue 30 à 60 cm.

Le poids 3 à 9 kg.

La gestation 70 à 75 jours, portée 1 à 4 petits.

Le sevrage 40 jours, maturité sexuelle 2 à 3 ans.

La longévité de 10 à 15 ans.

Leurs habitats et leurs origines

Le jaguarondi est un animal d'Amérique du Sud, forêt primaire, savanes, marécages et prairies.

Leur alimentation

Le jaguarondi est un animal carnivore, petits mammifères, rongeurs, oiseaux, reptiles, poissons et grenouille.

Loup à crinière

Le loup à crinière n'a de loup que le nom.

Il n'est en réalité pas s'en évoqué le renard roux, mais monté sur échasses et doté d'une crinière noire érectile sur ses épaules.

Accusé de s'en prendre au bétail, il est pourchassé alors qu'il est à peine de s'en prendre à un agneau.

Il est aujourd'hui strictement protégé dans la majorité des pays qu'il fréquente.

Leurs modes de vie

L'animal à tendance crépusculaire et nocturne, le loup à crinière vit en solitaire mais partage un territoire de 20 km2 avec sa femelle au moment de la reproduction.

En général, seule la femelle élève ses petits, le mâle s'y associant quelques fois.

Malgré son apparence, c'est un piètre coureur, chassant à l'affût de la manière d'un renard, ses longues oreilles lui permettant de détecter les petites proies dont il se nourrit.

Leur conservation

Les loups à crinière sont menacés par la destruction de leur habitat au profil de l'agriculture, fragmentation des populations.

Les loups à crinière sont aussi victime de la chasse et compagne d'élimination, trafic routier de maladie transmises par les chiens.

Le savez-vous ?

La morphologie du loup à crinière pourrait laisser croire que ce dernier est un animal rapide.

Il en n'est rien, ses longues pattes sont en fait une adaptation au déplacement dans les herbes hautes qu'il fréquente.

L'identité de l'espèce.

Hauteur au garrot 75 à 90 cm.

Longueur totale 1,20 à 1,30 m.

Longueur de la queue 30 à 45 cm.

Le poids 25 à 30 kg.

La gestation 65 jours, portée 1 à 5 petits.

Le sevrage 15 semaines, maturité sexuelle 1 an.

La longévité de 10 à 15 ans.

Leurs habitats et leurs origines.

Le loup à crinière est un animal d'Amérique du Sud, forêt tropicale sèches, broussailleuses, prairies, marécageuses, plaines ouvertes et herbeuse et Pampa.

Leur alimentation.

Le loup à crinière est un animal omnivore, lapins, rongeurs, oiseaux, reptiles, insectes, fruits et baies diverses.

Les loups blanc Arctique

Les loups Arctique hante un des milieux inhospitaliers du monde, ou peut de mammifères parviennent à survivre.

Sous espèces du loup gris est le plus gros représentant du genre, un mâle adulte pouvant atteindre 80 kg.

Leurs modes de vie

Les loups blanc Arctique vit au sein d'une société élaboré et complexe composée par une dizaine d'individus et dominés par un couple reproducteur appeler le couple alpha.

Au sein de la meute, cette hiérarchie est régulièrement remise en question hors des combats parfois mortels.

Le plus souvent néanmoins, chaque individu trouve sa place dans le clan lors des confrontations ou ils adoptent des postures des dominances et des soumissions.

Les loups communiquent entre eux grâce à leurs corps, expriment aussi leurs rangs sociaux, mais aussi par des différentes vocalises.

La forte cohésion sociale de la meute s'exprime alors à la fois pour l'élevage des jeunes, issus du couple alfa, et lors des campagnes de chasse durant lesquelles une véritable stratégie est mise en œuvre pour rabattre les proies.

Ces proies étaient parfois rares du fait de la rudesse du milieu, le territoire de la meute pouvant atteindre 2500 km2.

Leur conservation

Les loups blanc Arctique sont menacés par la dégradation et la fragmentation de leurs habitats.

Les loups blanc Arctique sont victimes de la chasse et abattage ils sont considérés comme nuisibles.

Le savez-vous ?

Chaque loup possède son propre hurlement, qui se distingue de ses congénères, timbres de voix, durée du hurlement et la tonalité.

Au sein de la meute, le mâle dominant hurle le premier, suivi par tous les autres de la meute.

Ce chant s'entend a plus de 8 km et permet à la meute de signaler sa présence ou à son clan de les localiser.

L'identité de l'espèce.

Longueur 100 à 150 cm.

Hauteur au garrot 65 à 80 cm.

Le poids jusqu'à 80 kg.

La gestation 80 jours, portée 4 à 5 jeunes.

Le sevrage des 2 mois, maturité sexuelle 2 à 3 ans.

La longévité 7 ans.

Leurs habitats et leurs origines

Les loups blancs sont des animaux Arctique, des grandes îles d'océan Arctique, toundra rarement sur la banquise.

Leur alimentation

Les loups blancs sont principalement des animaux carnivore, lièvres, lemmings, oiseaux parfois des rennes et des bœufs musqués.

Ocelot

Ce magnifique petit félin était jadis pourchassé pour sa fourrure, considéré comme l'une des plus belles du monde.

Entre les années 1960 et 1970, plus de 200 000 peaux se vendaient par an, alimentant un commerce florissant.

Aujourd'hui, bien qu'il soit strictement protégé dans la majeure répartition, c'est la destruction de leurs habitats qui les menaces d'extinction dans certaines régions.

Leurs modes de vie.

L'Ocelot est un petit félin arboricole hante les forêts denses d'Amérique du Sud.

Excellent grimpeur mais aussi un excellent nageur, ce prédateur nocturne néanmoins chasser le plus souvent au sol.

L'Ocelot est un animal solitaire hormis pendant la période de la reproduction.

Comme la majorité des félins, le mâle occupe un territoire qui englobe celui de plusieurs femelles, 10 km2 pour un mâle et 5 km2 pour une femelle.

Après la mise bas, seule la femelle élèvera ses petits qui quitteront le territoire vers l'âge de deux ans.

Leur conservation

L'Ocelot est un animal menacé par dégradation de leurs habitats, mais aussi ils sont aussi victime de la chasse pour le trafic de fourrure.

Le savez-vous ?

Comme les mots " chocolat" et " cacao" ou " tomates" le nom Ocelot est issu du délecte nahuatl, la langue des aztèques.

L'Ocelot designer en fait un jaguar.

Ce sont les espagnols qui firent la confusion, attribuant le nom de ce petit félin.

L'identité de l'espèce.

Longueur du corps 60 à 100 cm.

La longueur de la queue 30 à 40 cm.

Le poids 10 kg.

La gestation 77 jours, portée 1 à 2 petits.

Le sevrage 5 à 6 mois, maturité sexuelle 2 Ans.

La longévité 20 ans.

Leurs habitats et leurs origines

L'Ocelot est un animal d'Amérique du Sud, forêt tropicale, parfois forêts sèches et brousse.

Leur alimentation

L'Ocelot est un animal carnivore, rongeurs, petits mammifères, agoutis et singes, reptiles (iguanes) et amphibiens mais aussi oiseaux et poissons.

Cinquième chapitre

Les animaux sauvages différents

Le panda roux

Longtemps considéré comme la famille des ours, le panda roux serait plus proche du raton laveur que son cousin le panda géant.

Longtemps chassé pour sa fourrure dont on faisait des bonnets et des pinceaux, le panda roux est strictement protégé et ne suscite plus d'inquiétude.

Leurs modes de vie

Bien qu'appartient à la chasse des carnivores, le panda roux est particulièrement friand de bambou, qui comme son cousin le panda géant, composants son principal régime alimentaire.

Essentiellement nocturne, néanmoins le panda roux est en moins un animal solitaire et arboricole.

Ses griffes sont partiellement rétractiles et les poils couvrant sa face plantaire et fond un agile grimpeurs, utilisant les arbres pour rechercher leur nourriture, trouver un refuge et faire la sieste.

Le panda roux marque son territoire avec les glandes anales et communiqué par des cris et des sifflements.

Mâle et femelle se retrouve uniquement à la saison des amours, de janvier à mars, la femelle élèvera seul ses petits au creux d'un nid dans un arbre.

Leur conservation.

Les pandas roux sont menacés par les dégradations de leurs habitats, déforestation et agriculture.

Les pandas roux sont aussi victime de la chasse pour leurs fourrures.

L'identité de l'espèce

Longueur 50 à 60 cm.

Longueur de la queue 25 à 50 cm.

Le poids 3 à 6 kg.

La gestation 3 à 5 mois, portée 1 à 4 petits.

Le sevrage des 4 mois, maturité sexuelle 1 an.

La longévité 15 ans.

Leurs habitats et leurs origines

Le panda roux est un animal d'Asie, forêts tempérées et montagne entre 1800 à 4000 m altitudes.

Leur alimentation

Le panda roux est un animal omnivore, bambou, jeune pousse, fruits et racines et petits proies œuf, oisillons, reptiles et rongeurs.

Le paresseux

Réputé pour être un mammifère le plus lent du monde, l'Unau ou le paresseux à deux doigts et facilement reconnaissable à sa silhouette caractéristiques, suspendu à une branche la tête renversée.

Lorsqu'il n'est pas recroquevillé pour dormir en boule entre quelques branches effectivement c'est dans cette position que l'Unau passe sa vie, il descend au sol uniquement pour changer d'arbre ou déféquer.

Leurs modes de vie

L'Unau est nocturne et solitaire, il passe sa vie principalement dans les arbres, mangeant, en dormant, même se reproduisant en mettant bas dans cette position.

Il ne descend au sol uniquement pour changer d'arbre ou déféquer.

La spécialisation de son anatomie ne lui permet pas de marché quand il est au sol, il doit alors ramper d'un arbre à l'autre, mais nage alors très bien.

Les paresseux ont alors un métabolisme très lent.

Ils sont des mammifères avec une température interne la plus basse, étonnamment variable selon la température extérieure puisqu'elle peut osciller entre 24 et 33 degrés.

En conséquence il ne trouve pas le besoin d'uriner ou de déféquer qu'une fois par semaine, cet animal peut se montrer extrêmement agressif lorsqu'il se sent menacé, capables de mordre ou de taillader son agresseur à l'aide de ses deux grandes griffes qui terminent les doigts de ses avant-bras.

Leur conservation

Le paresseux est menacé par la déforestation et la dégradation et la disparition de leurs habitats.

Les paresseux sont aussi victime de la chasse comme viande de brousse.

Le savez-vous ?

Les Unaus ont une insolites relation symbiotique avec une algue.

Leurs poils ont un effet une structure qui favorise la croissance d'une algue sur leurs corps, contribuant ainsi à un meilleur camouflage dans leurs environnement végétale, Vert à la saison humide, marron à la saison sèche.

Les paresseux seraient ainsi capables d'absorber par leur peau une partie des nutriments sympathisé par les algues.

L'identité de l'espèce

Longueur du corps 50 à 90 cm.

Le poids 4 à 9 kg.

La gestation 6 mois, portée 1 petit.

Le sevrage entre 6 et 9 mois, maturité sexuelle entre 3 à 4 ans.

La longévité 15 à 20 ans.

Leurs habitats et leurs origines

Les paresseux sont des animaux d'Amérique du Sud, canopée, les branches les plus hautes des forêts tropicales humides.

Leur alimentation

Les paresseux sont des animaux herbivores, feuilles et branchages, fruits, mais parfois des petites proies, insecte.

Le grand fourmilier

Le grand fourmilier est un animal extraordinaire à plus d'un titre, une allure unique pour le règne animal, une anatomie incroyable, un régime alimentaire particulier, un mode de vie étonnant.

Bien qu'il soit répondu dans l'Amérique du Sud, il paye néanmoins aujourd'hui un lourd tribut des activités humaines et à une stupide chasse sportive.

Leurs modes de vie

Le grand fourmilier est un animal solitaire dont sont activités principales c'est de recherché sa nourriture, les fourmis et les termites.

Il peut parcourir un territoire de 11 km par jour, dont la taille varie entre 3 et 25 km2 dépend de la disponibilité en ressources alimentaires.

Par heure, le grand fourmilier visite en moyenne 30 à 40 colonies d'insectes, qui détecte grâce à leur odorat et éventre à l'aide de ses redoutables griffes antérieures.

Du fait de la pauvreté nutritionnelle de ses proies, le grand fourmilier a un métabolisme très lent, il est donc très sensible aux écarts de température et passe une très grande partie de la journée à dormir.

Mâle et femelle se rencontre uniquement pendant la période de la reproduction.

La femelle élève seul son petit, qu'elle porte sur son dos jusqu'à parfois l'âge 1 an.

Leur conservation

Le grand fourmilier est menacé par la chasse intensive, ou la chasse sportive, ou encore la chasse de substances, collisions sur les routes.

Les destructions de leurs habitats, les feux de la savane, déforestation.

Les populations d'Amérique centrale et du Sud de la limite de réparation sont en sévère déclin.

Le savez-vous ?

Le museau en forme de tube du fourmilier est une extraordinaire adaptation à son régime alimentaire.

Lorsqu'il découvre une colonie d'insecte il éventre et une petite bouche de 2 cm de diamètre, ils ont rapidement une langue de près de 60 cm de long pour 10 à 15 mm de diamètre.

Cette dernière englue fournis et termites dans une salive épaisse et à raison de 160 allers-retours par minute, on estime qu'un grand fourmilier mange ainsi 35 000 fois par jour.

L'identité de l'espèce

Hauteur au garrot 0,80 m.

Longueur du corps 1 à 1,30 cm hors la queue.

Longueur de la queue 0,90 m.

Le poids 30 à 60 kg.

La gestation 180 à 190 jours, portée 1 petit très rarement 2.

Sevrage 6 mois parfois jusqu'à 1 an, maturité sexuelle 2,5 à 4 ans.

La longévité 25 à 30 ans.

Leurs habitats et leurs origines

Le grand fourmilier est un animal d'Amérique du Sud, savane sèche, humide ou marécageuses, forêt et plaines et de basse montagne.

Leur alimentation

Le grand fourmilier est un animal insectivore, fourmis et termites, parfois des scarabées et d'autres insectes, œuf et larves d'insectes.

Les suricates

Le suricate est une petite mangouste très sociable.

Pour ce protégé des prédateurs, les suricates se relaient comme sentinelle en se dressent sur leurs pattes postérieures.

Cela fait d'eux l'animal le plus amusant de l'Afrique.

Leurs modes de vie

Les suricates sont des mammifères diurnes qui vivent en colonies familiales associées.

Elles creusent des galeries souterraines qui emmène vers une chambre tapisser d'herbes.

Les suricates communiquent entre eux par des cris variés mais aussi par des embrassades et caresses.

Ces comportements sociaux servent au maintien de la cohésion du groupe qui est indispensable dans l'environnement hostile du désert.

Durant la période chaude et humide, les femelles peuvent avoir de deux à cinq petits par portée, seulement trois fois de suite.

Leur conservation.

Les suricates sont des mammifères non menacés et aussi non protégés.

Le savez-vous ?

Un terrier de suricates peut atteindre jusqu'à 2 m de profondeur, couvrir 200 m2 de surface au sol jusqu'à 90 entrées.

L'identité de l'espèce

Longueur du corps 25 à 35 cm.

Longueur de la queue 19 à 25 cm.

Le poids 620 à 970 g.

La gestation 11 semaines, portée de 2 à 5 petits.

Le sevrage 9 semaines.

La longévité 10 ans.

Leurs habitats et leurs origines

Les suricates sont des mammifères d'Afrique, désert sablonneux et savane sèches.

Leur alimentation

Les suricates sont des animaux omnivores, insectes, scorpions, araignées, petits rongeurs, oiseaux et serpents mais aussi des racines, des bulbes, des feuilles et des fruits.

Sixième chapitre

Les plus petits mammifères au monde

La mangouste

De la taille d'un gros écureuil, la mangouste naine et le plus petit des carnivores africains.

Doté d'un mode de vie original, original elles vivent en large groupes sociaux pouvant atteindre une trentaine d'individus et placés sous l'autorité d'une femelle dominante.

Leurs modes de vie

La mangouste naine vivent en sociétés matriarcales comportent en moyenne une quinzaine d'individus.

Chaque colonie est placée sous l'autorité d'une femelle dominante, la plus âgée, mais aussi la seule qui peut se reproduire.

Elle constitue un couple monogame avec son partenaire mâle qui s'occupe une place inférieure aux seins du groupe familial.

Étonnamment c'est les plus jeunes, les derniers nés qui sont les plus élevés dans la hiérarchie, les autres membres du groupe s'occupent de protéger leurs territoires ou jouent un rôle de guetteur.

Ce sont des petits carnivores sont actifs durant la journée et arpents en permanence un petit territoire abonde une termitière.

C'est en effet dans ces monticules qu'elles aménagent leurs terriers temporaires, le temps de l'élevage de la dernière portée, et qu'elles trouvent leurs proies favorites les termites.

Leur conservation

Les mangoustes sont menacées par la population et stable et ne fait pas aux menaces majeures.

Le savez-vous ?

Les mangoustes naines tiennent une étroite collaboration avec le calao terrestre.

Ce gros oiseau profite en effet des petites proies que la mangouste déniche en fouillant le sol pour se nourrir sans trop fatiguée.

En retour le calao terrestre alerte par de puissantes vocalisations dès qu'un des prédateurs potentiel approche.

L'identité de l'espèce.

Longueur du corps 25 à 30 cm.

Le poids 300 g.

La gestation 55 jours, portée 2 à 3 petits.

Le sevrage 45 jours, maturité sexuelle des 14 mois.

La longévité 10 ans.

Leurs habitats et leurs origines

La mangouste naine est un animal d'Afrique centrale et de l'Est de l'Ethiopie à l'Angola.

Leur alimentation

La mangouste naine est un animal principalement insectivore, majoritairement des insectes et autres petits invertébrés, œufs et petits vertébrés.

Le Mara

Le Mara est un gros rongeur vivent exclusivement en Argentine, ses longues pattes postérieures adapté à la course et ses longues oreilles ne sont pas à évoquer ceux des lapins.

Mais si cette ressemblance lui veut le surnom du lièvre de Patagonie, et en effet un proche cousin du cobaye.

Leurs modes de vie

Le Mara est un rongeur diurne qui passe une grande partie de la journée à se nourrir.

Ils vivent en large colonies pouvant atteindre une soixantaine d'animaux, mais ils préfèrent se déplacer en petits groupes de 3 ou 4 individus.

Les Mara sont strictement monogames, le couple s'unit pour la vie et s'établit au sein d'un terrier collectifs formant une colonie.

Les femelles ont leurs chaleurs tous les 3 ou 4 mois.

Ces dernières dureront qu'une demi-heure, le mâle va défendre jalousement sa femelle pour s'assurer la paternité des petits à naître.

En suivant la femelle ou qu'elle aille que le mâle assure à lui seul la cohésion du couple.

Seule la femelle assure les soins parentaux, le mâle assure de la protection de son terrier et de la surveillance de son territoire.

Les petits vont grandir au sein d'une grande crèche, puis ils quitteront sont territoires et celles des parents définitivement au moment du sevrage ou de l'année suivante.

Leur conservation

Les Maras sont menacés par la destruction de leurs habitats, surpâturage, augmentation de l'emprise agricole.

Les Maras sont aussi victime de la chasse, compétition avec les espèces invasives (lièvre d'Europe).

Le savez-vous ?

Après le capybara et le castor, le Mara est le troisième plus gros rongeurs au monde.

Adapté à la course grâce à leurs grandes pattes postérieures, ils peuvent atteindre 50 km/h.

L'identité de l'espèce

Longueur du corps 70 cm.

Le poids 8 à 12 kg.

La gestation 91 jours, portée 1 à 3 petits.

Le sevrage 75 jours, maturité sexuelle des 8 mois.

La longévité 14 ans.

Leurs origines

Les Maras sont des animaux du centre et Sud de l'Argentine.

Leur alimentation

Les maras sont herbivores, herbes, feuilles, fruits, fleurs et cactus.

Agoutis d'azara

L'agoutis d'azara est un rongeur vivant en Amérique du Sud.

Surnommé le jardinier des forêts, il a en effet un rôle écologique essentiel dans la régénération des forêts tropicales.

Une partie des graines qu'il a enterrée, afin de faire des réserves, va germer permettant au développement des plantes.

Leurs modes de vie

L'agoutis d'azara est un rongeur diurne, il creuse un terrier tout autour des racines des arbres et sous les roches, afin de se protéger des intempéries et des prédateurs.

C'est un animal qui possède une excellente audition lui permettant de détecter les fruits qui tombe des arbres. Aussi, grâce à ces dents pointues et à la force de mâchoire, c'est le seul animal capable d'ouvrir une noix du Brésil.

Lorsqu'il se sent menacé, l'agoutis d'azara pousse un cri semblable aux aboiements.

Ses longues pattes fait de lui un excellent coureur, rapide et infatigable.

L'agoutis d'azara est principalement solitaire, il se rapproche de ses congénères uniquement pendant la période de la reproduction.

La conservation

L'agoutis d'azara est un animal menacé par la destruction de leurs habitats mais aussi dû à des incendies et la déforestation.

Le savez-vous ?

Lorsqu'il se sent menacé ou effrayé, l'agoutis d'azara peut hérisser ses longs poils de son arrière train comme un porc-épic.

L'identité de l'espèce

Longueur du corps 40 à 60 cm.

Le poids 1,3 à 4 kg.

La gestation 100 à 120 jours, portée 2 à 4 petits.

Le sevrage 140 jours environ.

La longévité 12 ans.

Leurs habitats et leurs origines

L'agoutis d'azara est un animal d'Amérique du Sud, on peut les voir au Brésil, Paraguay et Argentine.

Leur alimentation

L'agoutis d'azara est un animal herbivore, fruits, herbes, graines et noix.

Les capybaras

Avec la tête massive, ses oreilles courtes, et ses narines et ses yeux implanté tout en très haut, le capybara n'est pas sans évoquer un petit hippopotame lorsqu'il est dans l'eau.

Sa dentition est pourtant sans évoquer, il s'agit bien d'un rongeur le plus gros au monde.

Leurs modes de vie

Le capybara est muni de doigts palmés trahison les mœurs semi-aquatiques.

L'eau est nécessaire à son mode de vie, à la fois comme un refuge, ressources alimentaires mais aussi pour l'entretien de leur peau.

Il peut rester immergé dans plusieurs heures durant la journée, à l'abri de ses prédécesseurs mais aussi de la chaleur.

C'est un excellent nageur et plongeur, ils vivent en large groupes familiaux ou en bande d'une dizaine d'individus, mené par un mâle dominant, ils communiquent entre eux par de différents cris et de sifflement pour donner l'alerte.

A la période des amours, la période nuptiale se passe sur terre, mais aussi les accouplements ont lieu dans l'eau.

Les principaux prédateurs sont le Jaguar et le caïman.

Leur conservation

Les capybara sont des animaux menacés par la dégradation de leurs habitats et l'assèchement des zones humides.

Les capybara sont aussi victime de la chasse intensive et campagne de destruction.

Il est aujourd'hui élevé pour sa chair et son cuir pour certaines régions.

Le savez-vous ?

Bien que très ressemblant, le mâle se distingue de la femelle par la présence d'une large protubérance sur le museau abritant une glande odorante ainsi appelé morillo destiné à marquer son territoire et dont la volume désigne la position hiérarchie au sein du troupeau.

L'identité de l'espèce

Hauteur au garrot 50 cm environ.

Longueur totale 1,20 m.

Le poids 35 à 70 kg.

La gestation 5 mois, portée 2 à 8 petits.

Le sevrage 4 mois, maturité sexuelle 18 mois.

La longévité jusqu'à 10 ans.

Leurs habitats et leurs origines

Les capybara sont des animaux d'Amérique du Sud, forêt pluviale, broussailles marécageuses, prairies inondables, bords des lacs et rivières mais toujours à proximité de l'eau.

Leur alimentation

Les alimentations des capybara ses graminées, plantes aquatiques, herbes et écorces.

Ravages parfois les cultures, pastèque, riz, maïs et canne à sucre.

Les tapirs

Les tapirs figurent parmi les plus primitif des mammifères.

Leurs apparitions remontent à plus de 20 millions d'années et on dénombre 4 espèces dont 3 en Amérique du Sud et 1 en Asie.

Apparenté au rhinocéros et aux chevaux, ils sont aussi très reconnaissants grâce à leur courte trompe charnue est flexible, très sensible aux toucher et aux odeurs.

Leurs modes de vie

Le tapir est un animal solitaire, discret et nocturnes.

Sédentaires, il parcourt son territoire dont il marque son territoire d'un jet d'urine.

Le tapir affectionne particulièrement le milieu aquatique ou il trouve pitance et refuge. Les longues heures passées dans l'eau ou dans la boue lui permettent de se rafraîchir et se débarrasser des parasites.

Excellent nageur il est capable de s'immerger totalement en cas de danger.

Sa trompe préhensile, pouvant s'allonger ou se rétracter, lui permet de choisir ou d'attraper les feuillages ou les fruits dont il se nourrit.

Au moment de la reproduction le mâle poursuit la femelle, la mordille en poussant des petits couinements caractéristiques. La femelle élèvera seul son petit.

La conservation

Le tapir est menacé par la déforestation, mais aussi victime de la chasse pour sa chair et compétition avec le bétail.

Le savez-vous ?

Le petit naissent avec un pelage rayé brun- roux et tacheté de blanc, évoquant celui des marcassins et qu'il garde pendant 6 mois.

L'identité de l'espèce

Hauteur au garrot 80 à 120 cm.

Longueur totale 2 m.

La gestation 390 à 400 jours, portée 1 petit.

Le sevrage 8 mois, maturité sexuelle 3 ans.

La longévité 30 ans.

Leurs habitats et leurs origines

Le tapir est un animal d'Amérique du Sud, forêt tropicale équatoriale et humide, aux abords des points d'eau et des marécages.

Leur alimentation

L'alimentation du tapir sont, les feuillages, branchages, fruits et les jeunes pousses.

Septième chapitre

Tous les sortes de lémuriens

Le lémur a front blanc

Considéré comme une sou espèce du lémur brun, le lémur a front blanc a été élevé au rang d'espèce en 2001.

Ce lémurien à la malheureuse particularité d'être le plus menacées du Madagascar.

Conséquences sur la chasse intensive mais aussi à la dégradation de leurs habitats, on estime aujourd'hui qu'en 20 ans la population a chuté de près de 30%.

Leurs modes de vie

Les lémurs à front blanc sont essentiellement arboricoles.

Ils vivent en groupe de 5 à 10 individus, sur un territoire qui peuvent atteindre une vingtaine d'hectares.

Ce groupe et composés de mâle et de femelles et les juvéniles sans aucune hiérarchie semble prévaloir.

Les lémurs à front blanc sont principalement diurnes.

Ils alternent entre période de repos et les périodes d'activité durant lesquelles ils socialisent, ils se déplacent à la recherche de leurs nourritures.

Essentiellement végétarien, ils se délectent aussi des petits invertébrés, ils ont développé une technique pour attraper les mille-pattes, Ils salivent sur eux, puis ils roulent entre leurs doigts pendant 5 minutes puis ils les mangent.

La période de la reproduction des lémurs a front blanc est saisonnière, les accouplements ont lieu les mois de mai à juin, et les mises bas on lieu de septembre et octobre.

Leur conservation

Les lémurs à front blanc sont menacés par la destruction de leurs habitats mais ils sont aussi victime de la chasse.

Le savez-vous ?

Le nom lémurien signifie des fantômes ou des esprits dans la mythologie romaine.

Leurs vocalisations rappelant les bruits attribués aux fantômes, c'est grand œil réfléchissant à la lumière mais ils restent nocturnes de certaines espèces sont préalablement à l'origine de cette dénomination.

L'identité de l'espèce

Longueur du corps 40 à 50 cm.

Longueur de la queue 50 à 55 cm.

Le poids 2 à 2,5 kg.

La gestation 120 jours, portée 1 à 2 petits.

Le sevrage 135 jours, maturité sexuelle 24 mois.

La longévité 30 ans.

Leur alimentation

Les lémurs à front blanc leurs alimentation sont principalement végétarien, fruits, nombreuses variétés de feuilles, fleurs, sève et écorce.

Parfois quelques insectes comme araignées et les mille-pattes.

Le lémur macaco

Comme tous les lémuriens, les lémurs macaco est endémique de Madagascar.

Appelant aussi le lémur noir, ils présentent un dimorphisme sexuel le mâle est entièrement noire et la femelle est brune, la tête grise ornée de large favoris blancs.

Tous les deux ont en revanche des beaux yeux orange.

Leurs modes de vie

Les lémurs macaco vivent en groupe d'une dizaine d'individus, composées également de mâles et de femelles.

Leurs organisations est dominé ainsi par les femelles.

Arboricole, les lémurs macaco sont diurnes mais peuvent aussi être nocturnes, on parle ainsi d'un Rythme cathémérale.

Ils sembleraient au moins être plus actif la nuit afin d'accéder aux nectars dès la floraison nocturne de certains arbres à la saison sèche.

Le lémur noir communique grâce à de nombreuses vocalises, qui leurs permettent de se reconnaître et assurer la cohésion de leur groupe, déclencher des alertes ou pour encore marquer leur territoire.

Ils utilisent des signaux olfactif grâce à leur grande de marquage situées au niveau de la zone génitales.

La saison de la reproduction des lémurs macaco c'est uniquement d'avril à juin.

Leur conservation

Les lémurs macaco sont menacés par la déforestation pour la culture sur le brulis.

Ils sont aussi victime du braconnage pour la viande de brousse et parfois considéré comme nuisibles.

Le savez-vous ?

Le plus proche parent du lémur noir, c'est le lémur au yeux turquoise.

Considéré au parc avant deux sous -espèces distincte, issu de la même espèce, elles ont été des espèces à part entière à partir de 2008.

Le lémur turquoise est, avec l'homme, le seul primate à avoir les yeux bleus.

L'identité de l'espèce

Longueur du corps 40 cm.

Longueur de la queue 55 cm.

Le poids 2,5 kg.

La gestation 125 jours, portée 1 à 2 petits.

Maturité sexuelle 2 Ans

La longévité 27 ans.

Leurs origines

Les lémurs macao sont originaires du nord-ouest de Madagascar.

Leur alimentation

Le lémur macaco est un animal végétarien, fruits, graines, fleurs, feuilles champignons mais aussi parfois des petits invertébrés comme les mille-pattes.

Les makis catta

Reconnaissable à sa longueur qu'annelée et son étrange pair de lunettes, le maki catta est un lémurien primate primitif extrêmement menacés vivent sur île de Madagascar.

La destruction de son habitat pèse sur la population dont l'effectif varierait entre 2000 et 3000 individus.

Leurs modes de vie

Le maki catta est diurne, contrairement à beaucoup d'autre lémuriens, Ils vivent essentiellement au sol ou il recherche sa nourriture.

Ils vivent en groupe mixte de 15 à 30 individus où ils règnent une hiérarchie stricte.

Les femelles dominantes contrôlent la conduite du groupe et à l'accès à la nourriture.

Les mâles quant à eux sont munis de glandes de marquage autour des parties génitales et sous les bras émettant des sécrétions dont ils imprègnent les branches de leurs territoires dont la taille varie entre 6 et 26 hectares selon la saison.

Leur conservation

Les makis catta sont des animaux menacés par la destruction de leur habitat, la déforestation pour l'emprise agricole et les cultures sur le brulis.

Les makis catta sont aussi victime de la chasse, les images satellite montre que les makis catta disparaissent à grande vitesse.

Le savez vous

Au heures chaudes de la journée, les makis catta se regroupent assis, les bras en croix tourner vers le soleil.

Le mot lémurien signifie adorateur du soleil.

L'identité de l'espèce

La longueur total 110 cm, dont 60 cm pour la queue.

Le poids 2,5 à 3 kg en moyenne.

La gestation 4 mois et demi, portée 1 rarement des jumeaux.

Le sevrage 3 mois, maturité sexuelle 2 Ans.

La longévité 15 à 20 ans.

Leurs habitats et leurs origines

Les makis catta sont des animaux d'Afrique, brousse, savane arbustive épineuse mais aussi dans les forêts tropicales sèches.

Leur alimentation

L'alimentation du makis catta sont fruits et feuilles d'une trentaine de variétés mais parfois aussi des écorces, sève, fleurs et herbes diverses.

Les makis varis

Les makis varis sont reconnaissables à son pelage en coloration, ceux qui permet de différencier les deux sous espèces du makis varis, la sous-espèces noire et blanche mais aussi la sous-espèce rousse.

Ils font partie des primates les plus menacés au Monde.

Leurs modes de vie

Les makis varis vivent en groupe composés d'un couple uni pour la vie et de leurs petits, âgée de 1 à 3 ans.

Le territoire de chaque groupe et marqué à l'aide des glandes odoriférantes mais aussi signaler par des puissants vocalisation collectif, identique aux rugissements audibles à plusieurs de kilomètres de distance.

La taille du territoire varie selon l'absence de nourriture, crépusculaire et arboricoles, ils passent près de 60 %de leur temps à recherche leur nourriture, le reste de la journée et consacré à la sieste et à des bains de soleil ou à des minutieuse toilette et lustrant leurs fourrures à l'aide de leurs incisives.

Leurs conservations

Les makis varis sont menacés principalement par la déforestation, plus rarement la chasse.

Le savez-vous ?

Les makis varis sont des lémuriens, qui sont les seules à mettre bas dans un nid douillet, aménagé au creux d'un arbre. Ils transportent leurs petits dans leurs gueules comme ferait un chat.

L'identité de l'espèce

La longueur totale 110 à 120 cm.

Le poids 3 à 4,5 kg.

La gestation 102 jours, portée 1 à 5 petits.

Nombre de gestation 1 par an, le sevrage 5 mois.

La maturité sexuelle 2 à 3 ans.

La longévité 15 à 20 ans.

Leurs habitats et leurs origines

Les makis varis sont des animaux d'Afrique, arboricole strates supérieures des forêts primaires d'est de Madagascar.

Leur alimentation

Les makis varis sont frugivore, parfois graines, feuilles et fleurs, bourgeons nectar et miel.

Huitième chapitre

Les primates

Les Atèle de Colombie

Singe arboricole du nouveau monde, l'Atèle possède des membres long et gracile ainsi qu'une queue préhensile dont ils se servent pour s'accrocher aux arbres.

Cette anatomie particulière lui donne le nom du singe araignée.

Leurs modes de vie

L'Atèle est grégaire et polygame, ils vivent en groupes nomade d'une vingtaine d'individus, dont plusieurs mâles peuvent vivre en semble paisiblement.

Les différents membres du groupe se dispersent pour une quête de nourriture, mais ils restent en contact grâce à d'eux puissant appel évoquant des hennissements de cheval.

Lorsqu'ils se retrouvent, ils se saluent systématiquement par des accolades.

Les mâles s'occupent de plusieurs femelles, qui garde seule le petit sur leur ventre, pendant un mois avant qu'il se hisse sur le dos.

Une femelle s'accouple tous les 2 ou 3 ans selon la hiérarchie, dépendant à la survie du petit.

Leur conservation

Les Atèle sont menacés par la déforestation, mais ils sont aussi victime de la chasse pour leur chair.

Le savez-vous ?

Les pouces sont réduits à l'état du vestige, ceux qui représente une adaptation à une vie arboricole, ils utilisent leur main comme de crochets, ceux qui les permets de se déplacer dans les arbres à grande vitesse.

L'identité de l'espèce

La longueur totale 40 à 60 cm.

La longueur de la queue 80 à 90 cm.

Le poids 8 à 10 kg.

La gestation 7 mois et demi, portée 1 petit tous les 2 ou 3 ans.

Maturité sexuelle 5 ans.

La longévité 40 ans.

Leurs habitats et leurs origines

Les Atèle sont des animaux d'Amérique du Sud, hautes frondaisons canopée de la forêt tropicale primaire.

Leur alimentation

Les Atèle sont des animaux omnivores à dominante frugivore, fruits mais aussi feuilles, fleurs et bourgeons, œuf d'oiseaux et petits insectes.

Les colobes Guereza

Le nom Colobus vient du latin le pouce à chaque main du colobe n'est en effet plus qu'un vestige.

Loin d'être un handicap, cette particularité est en effet un atout pour virevolter dans les airs et effectuer de véritables vols planés entre les arbres.

Le colobe n'est bien le maître de la canopée.

Leurs modes de vie

Les colobes vivent exclusivement dans la canopée, Strat forestière qui correspond à la cime des arbres.

Le mâle dominant forme avec quelques femelles et leurs petits un groupe d'une dizaine d'individus.

Les jeunes mâles quitteront le groupe à l'âge de 5 ans, alors que les filles resteront avec leur mère.

Les colobes vivent sur un territoire pouvant atteindre 5 à 25 hectares et où ils défendent les limites par de grands sauts démonstratif et par des cris gutturaux.

Ils possèdent ailleurs tout une gamme de vocalisations du simple claquement de langue au bâillements sonores.

Leur conservation

Les colobes sont menacés par la destruction de leurs habitats, et la déforestation.

Mais les colobes sont aussi victime du braconnage, trafic de viandes de brousse.

Le savez-vous ?

Comme les vaches, les colobes possède un estomac compartimenté leur permettant de digérer et détoxifier les feuilles dont ils se nourrissent.

Grâce aux bactéries présent dans leurs estomacs, ils assimilent deux fois mieux que les autres primates.

L'identité de l'espèce

La longueur 50 à 60 cm

La longueur de la queue 50 à 80 cm.

Le poids du mâle 10 à 15 kg, le poids de la femelle 8 à 10 kg.

La gestation 6 mois, portée 1 petit.

Nombre de gestation 1 tous les 18 mois maturité sexuelle 4 à 6 Ans.

La longévité 20 à 25 ans.

Leurs habitats et leurs origines

Les colobes sont des animaux d'Afrique, la canopée, cime des forêts équatoriale.

Leur alimentation

Le colobe est essentiel folivore, feuilles, fleurs, bourgeons, graines et quelques fruits.

Les gibbons concolore

Le gibbon est un acrobate exceptionnel, le plus rapide et le plus agile de tous les primates.

Dépourvu de queue, il se déplace par brachiation suspendu dans les airs et volant de branche en branche à la seule force des bras.

Leurs modes de vie

Le gibbon est un primate essentiellement arboricole, le gibbon a favorite blanche vit en petits groupes familiaux très soudés, dont l'unité fondatrice et un couple reproducteur.

Le mâle et noir à des favoris clairs, et la femelle est blonde avec une tache noire sur le crâne.

Tous deux possèdent un chant différent pour communiquer, ces vocalisations du couple tous les matins leurs permettant de maintenir la cohésion du couple et de définir les limites du territoire qui peut atteindre jusqu'à 25 hectares.

Leur conservation

Le gibbon est menacé par la destruction et la fragmentation de leurs habitats, la déforestation.

Le savez-vous ?

Le bébé gibbon est blonde à la naissance mais deviendra noire à l'âge 1 an et demi.

C'est qu'à l'âge de 7 ans qu'il redeviendra blond s'y il s'agit d'une femelle.

L'identité de l'espèce

Hauteur totale 45 à 90 cm.

Le poids 5 à 8 kg.

Leurs habitats et leurs origines

Les gibbons sont des animaux d'Asie, forêt tropicale humide et plus particulièrement le sommet des arbres de la canopée.

Leur alimentation

L'alimentation du gibbon est les fruits, les feuilles mais aussi les fleurs.

Le mandrill

Le mandrill mâle se reconnaît avisaient grâce aux bourrelet osseux bleus et rouges, qu'il a sur la face couleur qu'on retrouve ailleurs sur leurs arrière train.

Malgré son apparence et la taille de ses canines, c'est un singe plutôt pacifique aujourd'hui mais extrêmement menacés par la déforestation et ainsi que le braconnage.

Leurs modes de vie

Le mandrill vie en groupes extrêmement hiérarchisé d'une vingtaine d'individus mais qui peuvent se regrouper en bandes de 250 membres.

Chaque groupe possède un territoire pouvant atteindre environ 50 km2 délimité par des marques olfactives et qui défendent contre les troupes rivales.

Qui est placé sous l'autorité d'un mâle dominant lui est le seul à pouvoir se reproduire avec les femelles.

C'est à l'approche d'un prédateur ou d'un autre rival que le mâle exile ses canines, parfois de 6 cm.

Le mandrill passe la plus grande partie de la journée au sol ou il cherche sa nourriture, ils montent dans les arbres qu'a la nuit tombée pour s'abriter du danger.

Leur conservation

Le mandrill est un primate menacé par la destruction de leurs habitats mais aussi la déforestation.

Mais le mandrill est un animal aussi victime du braconnage, trafic de viandes de brousse.

Le savez-vous ?

Les couleurs du mâle et particulièrement significatives et révélatrices de son rang social et de sa santé.

Plus elles sont vécues, pus ils sont dominant, et en bonne santé, et inversement.

L'identité de l'espèce

Longueur totale 60 à 80 cm.

Le poids du mâle 30 kg, le poids de la femelle 10 à 15 kg.

La gestation 5 mois et demi, portée 1 petit.

Nombre de gestation 1 tous les 18 mois, maturité sexuelle 3 ans.

La longévité 50 ans.

Leurs habitats et leurs origines

Le mandrill est un primate d'Afrique, forêt tropicale humide.

Leur alimentation

Le mandrill est un animal omnivore, fruits, graines et autres végétaux ainsi que les œufs, les insectes et autres petits animaux.

Neuvième chapitre

La conclusion

Dans mon premier livre je voulais faire sur différents animaux sauvages leurs mode de vie, jusqu'à leurs habitats et leurs origines ainsi que leurs alimentations et les problèmes de conservation.

Je voulais à travers ce livre prendre connaissance de tous ces magnifiques animaux sauvages en très grand danger dans leurs milieux naturels.

J'espère que ça pourra prendre conscience de tous ces problèmes, et que grâce à ce livre pourra changer de comportement à ces animaux sauvages.

Fin

Printed by Books on Demand GmbH, Norderstedt / Germany